CN00732741

Panorama hispanohablante

Cuaderno de ejercicios

Samantha Broom,
María Isabel Isern Vivancos, Alicia Peña Calvo
Coordinación pedagógica: Lluïsa Astruc

CAMBRIDGE
UNIVERSITY PRESS

University Printing House, Cambridge CB2 8BS, United Kingdom

One Liberty Plaza, 20th Floor, New York, NY 10006, USA

477 Williamstown Road, Port Melbourne, VIC 3207, Australia

4843/24, 2nd Floor, Ansari Road, Daryaganj, Delhi – 110002, India

79 Anson Road, #06–04/06, Singapore 079906

Cambridge University Press is part of the University of Cambridge.

It furthers the University's mission by disseminating knowledge in the pursuit of education, learning and research at the highest international levels of excellence.

Information on this title: www.cambridge.org/ 9781316504239

First published 2016

20 19 18 17 16 15 14 13 12 11 10 9 8 7 6 5 4 3

Printed in the United Kingdom by Latimer Trend

A catalogue record for this publication is available from the British Library

ISBN 978-1-316-50423-9 Paperback

This work has been developed independently from and is not endorsed by the International Baccalaureate (IB).

IB consultant: Carmen de Miguel

Dedicado a la memoria de Virginia Toro, estimada docente de la lengua española que participó como autora en este proyecto.

....

....

Agradecimientos
Los autores y editores reconocen las siguientes fuentes de material con derechos de autor y dan las gracias por los permisos concedidos. Aunque la editorial ha hecho todo lo posible, no siempre ha sido posible identificar las fuentes de todos los materiales utilizados ni localizar a todos los titulares de los derechos de autor. Si se ha producido alguna omisión y recibimos notificación sobre ello, nos complacerá incluir los reconocimientos correspondientes en las reimpresiones futuras. Cubierta (cover): Curtis – Shutterstock, auremar – Fotolia, Mariusz Prusaczyk – Fotolia, Rob Marmion – Shutterstock, Mariusz Prusaczyk – Fotolia, modestlife – Fotolia, bikeriderlondon – Shutterstock, MasterLu – Fotolia, Olinchuk – Shutterstock Malchev – Shutterstock (p3), tverkhovinets – Fotolia (p4), Jag_cz – Fotolia.com (p10), asab974 – Fotolia (p10), Dmytro Sukharevskyy – Fotolia (p10), whitestorm – Fotolia (p10), volff – Fotolia (p10), Valentyn Volkov – Shutterstock (p11), Neveshkin Nikolay – Shutterstock (p11), Rock and Wasp – Fotolia (p22), Dragon Images – Shutterstock (p22), Monkey Business Images – Shutterstock (p22), daboost – Fotolia (p24), corund – Fotolia (p24), Maksym Yemelyanov – Fotolia (p24), Monkey Business – Fotolia (p24), MIGUEL GARCIA SAAVED – Fotolia (p24), skarin – Fotolia (p24), pfpgroup – Fotolia (p24), El Coleccionista de Instantes – Creative Commons (p27, 29), kite_rin – Fotolia (p32), grafikplusfoto – Fotolia (p33), Kakigori Studio – Fotolia (p35), aerial333 – Fotolia (p35), Denchik – Fotolia (p35), atScene – Fotolia (p35), akiradesigns – Fotolia (p35), pushinka11 – Fotolia (p35)

1 A la aventura

Utiliza la información para completar la ficha biográfica del explorador español.

> explorador y marinero
>
> Guipúzcoa, España
>
> Juan Sebastián Elcano
>
> la primera circunvalación del mundo
>
> malnutrición
>
> 4 de agosto de 1526
>
> 1476
>
> español

Nombre: _____

Fecha de nacimiento: _____

Lugar de nacimiento: _____

Causa de su muerte: _____

Fecha de defunción: _____

Nacionalidad: _____

Ocupación: _____

Conocido por: _____

Lee el test ¿Eres un turista ecológico? en el libro del alumno y escribe una cuarta opción para cada pregunta.

¿Eres un turista ecológico?

1 Te vas de vacaciones. ¿Cómo viajas?

    D _____

2 ¿Dónde te alojas?

    D _____

3 ¿Qué haces cuando tienes hambre?

    D _____

4 Durante las vacaciones, ¿qué haces?

    D _____

Deliciosa sopa de piraña. Puerto Maldonado, Perú.

Domingo, 21 de abril.

En verdad ha sido una semana agotadora. Primero subimos a Machu Picchu pero a mí me impresionó más el Valle del Colca que habíamos visitado el día anterior, conocido como el Valle Perdido de los Incas porque me pareció más majestuoso y estaba menos concurrido. Después de visitar los lugares históricos viajamos a Puerto Maldonado y de allí a una reserva donde pasamos tres días en la selva amazónica. Hicimos varias caminatas y pescamos en el río. La flora y la fauna eran espectaculares. Mientras estuvimos allí, una noche comimos bagre frito y sopa de piraña que los chicos habían pescado por la tarde.

1/3 [Página 12]

Lee el blog y escribe 5 preguntas para poner a prueba la comprensión de su contenido.

1 _____

2 _____

3 _____

4 _____

5 _____

1/4 [Página 12]

Lee los blogs de los estudiantes de Psicología Social de la Universidad de Buenos Aires en el libro del alumno. Basando tu respuesta en el texto, qué palabra significa...

	Blog	Palabra
1	14 de abril	sensacional
2	16 de abril	malestar
3	30 de abril	temor
4	3 de mayo	inconcebible
5	20 de mayo	consideración

1/5 [Página 12]

Hace una semana que empezaste tu programa de voluntariado en Panamá. Escribe una postal a tu amigo/a.

Debes mencionar:

Como fue el trayecto al país dónde te encuentras.

Tareas que haces a diario.

Algo que te ha sorprendido desde tu llegada.

2 Me conecto

Repaso de gramática: Escribe el adjetivo correcto para formar oraciones con el superlativo relativo. Se da un ejemplo. Nota: Hay más palabras de las necesarias.

> aburrido • caro • conocida • desconocido • deseados
> escalofriante • famoso • feliz • graciosa • triste

Ejemplo: Ir al cine es uno de los pasatiempos más __caros__ hoy en día.

1 Penélope Cruz es la actriz española más _____ del mundo.

2 Antonio Banderas es el más _____ malagueño.

3 En mi opinión, *el Orfanato* es la película más _____ que he visto.

4 *Shrek* es la película animada más _____.

5 *Mar Adentro* tiene la historia más _____ de todas las películas españolas que he visto.

6 Las Goyas son los premios más _____ por los actores.

Cambia las frases siguientes al superlativo absoluto con *–ísimo/a*.

Ejemplo: Ir al cine es muy caro hoy en día = Ir al cine es carísimo hoy en día.

1 Antonio Banderas es muy famoso por todo el mundo.

_____

2 Penélope Cruz es muy guapa.

_____

3 Belén Rueda es una actriz muy buena.

_____

4 Pienso que *Shrek* es una película muy graciosa.

_____

5 Creo que *Mar Adentro* es una película muy aburrida.

_____

6 Los actores españoles son muy importantes para el mundo cinematográfico.

_____

Lee las pistas y completa el crucigrama:

Horizontal

1 un tipo de programa en que sale gente en la vida real

4 la persona que canta en la competición

7 la persona que ayuda a los concursantes

8 la persona en la competición

Vertical

1 el sonido que hace la boca

2 aparecer en la televisión

3 por ejemplo, la tele, la radio etc.

5 la competición

6 el grupo

9 son como los mentores y toman la decisión final

2/4   Página 22

Elije el adjetivo demostrativo correcto:

Ejemplo: Estos/~~Estas~~ concursantes cantan muy bien.

1   ¿Te gusta este/esta actriz?

2   No puedo ir a esa/ese sesión, es demasiado tarde.

3   Estos/Estas películas de Penélope Cruz son muy emocionantes.

4   Estos/Estas actores son muy buenas.

5   Aquel/Aquella programa era muy corto.

6   Esos/Esas premios son muy importantes.

2/5   Página 26

Subraya los adverbios de lugar en las frases siguientes que los contienen.

1   La valla se encuentra cerca del supermercado.

2   Aquí está el periódico, al lado de la televisión.

3   El quiosco donde compro revistas y periódicos está lejos de mi casa.

4   Delante del colegio hay una marquesina.

5   Hay unos letreros luminosos encima del edificio.

6   Hay muchos anuncios por todas partes.

7   Los pósters están detrás del sofá.

8   Las revistas están debajo de la mesa.

9   Dentro de la caja hay unos folletos.

Escribe las definiciones para el crucigrama. Se da un ejemplo.

1 Se encuentran en las calles.

5 _____

2 _____

6 _____

3 _____

7 _____

4 _____

8 _____

	¹V			

²R A D I O

V A L L A S

³T E L E V I S I Ó N

⁴P A Q U E T E S

⁵I N T E R N E T

⁶R E V I S T A

⁷P E R I Ó D I C O S

⁸F O L L E T O S

3 Educación para todos

Completa con la forma correcta de futuro de los siguientes verbos regulares e irregulares:

Ejemplo: Seguramente la película **hará** *pensar a muchas personas sobre la importancia de la educación.*

dejar • haber • entender • ser • publicar • ser • poder

1　El Ministerio de Educación _____ mañana las estadísticas de los jóvenes que han estudiado secundaria en los últimos cinco años.

2　Creo que la deserción escolar _____ de estar presente en la sociedad colombiana si se mejora la educación.

3　Muchos argentinos _____ muy bien *El aula vacía* porque han vivido las mismas experiencias.

4　Seguramente las experiencias personales en la escuela _____ muy distintas según los países.

5　Las personas con discapacidades _____ tener acceso a la educación secundaria y superior con la Reforma de la Ley de Educación en México.

6　El abandono escolar _____ aumentado en España en los últimos años debido a la falta de plazas en Formación Profesional.

7　Los jóvenes entre 18 y 24 años _____ testigos de cambios en el sistema educativo en España.

¿Cómo serán los colegios del futuro?

Completa el siguiente párrafo haciendo predicciones sobre los colegios del futuro usando los verbos dados.

Los colegios del futuro _serán_ muy distintos a los de ahora. En los colegios del futuro no _____ (haber) muchas aulas; _____ (tener) pocas aulas, pero muy grandes. No _____ (nosotros, tener) profesores, sólo salas con ordenadores con la última tecnología. _____ (nosotros, poder) escuchar podcasts, ver vídeos y utilizar juegos educativos interactivos. Imagino que no _____ (ser) necesario tener una biblioteca con libros y libros de referencia, así que, ese espacio _____ (estar) destinado para una gran sala de juegos interactivos. No _____ (nosotros, hacer) deberes en casa ni nosotros _____ (tener) que ir al colegio todos los días. Y, por supuesto, no _____ (haber) que llevar uniforme.

3/3 Página 34

Lee la siguiente entrada en un blog de estudiantes de Madrid y escribe tu propia entrada con información sobre:
el curso que estás haciendo y su lugar en el sistema educativo;
qué harás cuando acabes el curso dentro de las posibilidades que existen en el sistema educativo de tu país;
qué otras opciones hay; razones de tu elección;
qué harás cuando acabes: ¿estudiarás en la universidad? ¿Trabajarás?

> **RAFAEL, 16, Madrid**
>
> Ahora estoy terminando el último curso de la educación obligatoria en un instituto público de Madrid (la ESO) y seguro que aprobaré todas las asignaturas con buenas notas. Y, ¿ahora qué? Bueno, algunos de mis amigos de la ESO van a hacer algún módulo de Formación Profesional (FP) de electrónica, diseño, hostelería, o algo así. Yo voy a hacer Bachillerato en la rama de Humanidades y Ciencias Sociales porque siempre me ha gustado la economía y me gustaría estudiar Empresariales en la universidad cuando acabe los dos años del Bachillerato.

3/4 Página 35

Construye frases dando una opinión a partir de los componentes dados. Necesitas poner el verbo en negrita en la forma correcta.

*Ejemplo: modernización / las escuelas rurales / pienso que / **necesitar***

> → *Pienso que las escuelas rurales necesitan modernización.*

1 las personas mayores / demasiada importancia / me parece que / ***dar*** / al tipo de centro

2 justo / la educación bilingüe / solo / ***ser*** / que / no **me parece** / para unos pocos privilegiados

3 ***ofrecer*** / la educación religiosa / para mis padres / solo / educación en valores

4 en mi país / no / que / estoy convencida de / bien / la educación privada / ***funcionar***

5 creo / bien formados / pocos recursos/ los profesores / pero / que / ***estar*** / hay

3/5 Página 36

Une las dos frases con uno de los conectores temporales en el recuadro y realiza los cambios necesarios en las frases.

> cuando • al • mientras • antes de • después de
> hace • desde • desde hace • desde que

Ejemplo: Juan salió con el equipaje. La familia anfitriona estaba esperando. → Cuando Juan salió con el equipaje, la familia anfitriona estaba esperando.

1 Mi colegio hace un intercambio con un colegio de Guatemala. Los estudiantes se alojan con familias guatemaltecas.

2 La lista con las familias anfitrionas se ha hecho ya pública en la página web del colegio. Envié un correo electrónico a mi familia.

3 Paga el viaje. Recibirás confirmación por correo electrónico.

4 Ir a estudiar a otro país. Los estudiantes deberían solicitar el carné de estudiante internacional.

5 Nosotros estudiamos en un colegio de Asturias. Los estudiantes de alemán estudian en un colegio de Berlín.

6 Nuestro colegio hace intercambios con América Latina. Los intercambios empezaron hace 10 años.

7 La primera vez que fui a España a estudiar en verano fue en el 2010. Voy todos los años.

8 Leo en español regularmente. He aprendido mucho vocabulario.

9 Mi hermana estudia español en el colegio. Empezó a estudiar hace cinco años, pero todavía no ha estado en ningún país hispano.

3/6 Página 38

Termina las siguientes frases

*Ejemplo: Yo en su lugar, **no haría ese curso***

1 Nos gustaría empezar a estudiar mandarín, pero _____

2 Querría solicitar una beca, pero _____

3 Si no puedes escribirme un correo, _____

4 ¿Tendría que repetir este curso, aunque _____

5 Haría más actividades en línea después de _____

6 Si puedes, ¿por qué no _____?

4 El trabajo escrito

Vas a realizar un trabajo escrito de práctica. Recuerda:

Extensión: 200–350 palabras.

Fuentes: De 2 a 4 fuentes en la lengua objeto de estudio es obligatorio, es opcional el uso de otras fuentes en cualquier lengua.

Propósitos comunicativos: Descripción, comparación y reflexión.

El trabajo escrito debe consistir en respuestas cortas en la lengua objeto de estudio con tres secciones distintas:

- Sección A: Descripción del tema elegido. (2 puntos)

- Sección B: Comparación de las semejanzas o diferencias entre la cultura de la lengua estudiada y la cultura del alumno con respecto al tema elegido. (3 puntos)

- Sección C: Reflexión sobre el tema elegido. (9 puntos en total) La reflexión debe incluir respuestas bien desarrolladas a todas las preguntas siguientes:

  ¿Qué aspectos del tema elegido te sorprendieron? (3 puntos)

  ¿Por qué crees que existen estas semejanzas/diferencias culturales? (3 puntos)

  ¿Qué aspectos de tu propia cultura en relación con el tema elegido pueden resultar diferentes para una persona de la cultura objeto de estudio? (3 puntos)

4/1 Página 51

FUENTES y CITAS

Busca dos fuentes en español relacionadas con el tema que has elegido.
Da la referencia de las fuentes que has seleccionado y explica por qué las
has seleccionado y si son fiables. Busca 2 o más fuentes en tu lengua y
parafraséalas en tu escrito. Da la referencia.

4/2 Página 51

FUENTES

Con una de las fuentes que has seleccionado, toma nota para responder a estas preguntas:

1 ¿Qué has aprendido al leer el texto?

2 ¿Es esa información relevante para el trabajo escrito?

3 ¿Qué opinión expresa el autor o la autora?

4 ¿Cómo se explican las opiniones?

5 ¿Qué partes podrías usar en tu trabajo escrito?

6 ¿Qué palabras o expresiones del texto podrías volver a utilizar?

ESQUEMA

Con las ideas, palabras y expresiones extraídas en la actividad anterior, prepara un esquema siguiendo la estructura:

Sección A : La descripción (2 puntos)

3 datos factuales relevantes sobre la cultura hispana elegida en relación a tu tema:

- _____

- _____

- _____

Sección B: La comparación (3 puntos)

2 elementos de comparación (diferencias y / o similitudes) entre la cultura hispana elegida y la tuya. Selecciona los conectores apropiados y las palabras de comparación.

- _____

- _____

Sección C: La reflexión (9 puntos)

Esta parte es muy importante (casi el 50%) y por lo tanto, es importante desarrollar las ideas y no solo mencionar los aspectos. Sin repetir lo expuesto en A y B, responde:

- ¿Qué aspectos del tema elegido te han sorprendido y por qué? (3 puntos)

  _____

- ¿Por qué crees que existen estas semejanzas y diferencias entre las dos culturas elegidas? Explica. (3 puntos)

  _____

- ¿Qué aspectos de tu propia cultura en relación con el tema elegido pueden resultar diferentes o similares, y por qué? (3 puntos)

  _____

Ahora desarrolla el esquema escribiendo un máximo de 350 palabras. Si escribes más de 350 palabras, no se corregirán y, por tanto, perderías puntos:

SECCION A: La descripción (unas 50 palabras)

_____

_____

_____

SECCIÓN B: La comparación (unas 100 palabras)

Recuerda:

- una o más similutudes
- una o más diferencias
- las palabras de conexión para comparar:
  a) qué es parecido b) qué es diferente.

_____

_____

_____

_____

_____

SECCIÓN C: La reflexión (unas 200 palabras)

_____

_____

_____

_____

_____

Lee lo que has escrito y comprueba el uso de la lengua. Utiliza la lista en la página XXX del libro para guiarte.

5 La Cultura Juvenil

5/1   Página 54

Relaciona la primera parte de la frase con el final adecuado en la columna de la derecha. Hay más finales de los necesarios.

1 Para mí la música es una parte

2 Tocaba el piano cuando era joven pero ahora

3 Me encanta ir a conciertos pero desafortunadamente

4 Diría que ver un grupo en directo

5 Ya no compro CDs,

6 La música clásica es

A las entradas cuestan mucho.

B prefiero bajar la música por internet ya que es más rápido.

C es mucho más emocionante que escuchar los CDs.

D tiene que practicar todos los días.

E muy importante de mi vida.

F no tengo tiempo para practicar.

G muy relajante.

5/2   Página 55

Escribe en el orden correcto las razones por las que no puedes ir al concierto con Juan:

1 mis / que / hermanos. / Tengo / ar / de

_____

2 las / siento, / Lo / entradas / pero / son / demasiado / caras.

_____

3 no / me / van / padres / a / salir. / Mis / dejar

_____

4 para / no / Ya / dinero / salir. / tengo

_____

5 amigos. / tengo / Ya / con / planes / otros

_____

5/3   Página 56

Identifica los adjetivos indefinidos en el texto y subráyalos:

La semana pasada visité una galería de arte donde conocí a todos los artistas que tenían algunos cuadros en la exposición. Empezaron a hablar sobre el grafiti y que es algo bueno, pero ninguna de las personas me convencieron sobre el beneficio de pintar en las paredes. En mi opinión cualquier tipo de grafiti es vandalismo, pero otro punto de vista es que es arte y algunos piensan que tiene un mensaje profundo.

5/4 **Página 56**

Completa los espacios con un indefinido dado:

algunas • algunos • cada
cualquier • otros • ninguna
ninguno • todas

Esta semana ha sido mejor que las _____ porque fui a una exposición de

fotos de grafiti en lugares interesantes. _____ foto me pareció aburrida

ya que mostraron un lado diferente del arte y _____ imágenes me

hicieron considerar mi opinión sobre el grafiti. _____ imagen me mostró

que _____ grafitis son mejores que _____, depende de los

colores que utilizan o lo que representa. _____ persona puede

ver _____ las fotos en la galería hasta el fin del mes.

5/5 **Página 58**

Las Películas

Escribe el título de una película para cada género:

1 una película de amor: _____

2 una película de acción: _____

3 una película de suspense: _____

4 una película de terror: _____

5 una película de ciencia ficción: _____

6 una película de guerra: _____

7 una película infantil: _____

8 una comedia: _____

5/6 **Página 63**

Completa las frases siguientes usando una expresión de cantidad. Sobra una.

bastante • demasiado • más • muchas • muy • pocos

1 Recientemente he ido a ver un musical en el teatro.

   Había _____ personas.

2 Creo que ir al teatro es _____ interesante.

3 Me gustaría que hubiera _____ eventos locales.

4 Me encuentro _____ ocupado para ir al teatro.

5 Hay _____ actores buenos en nuestro

   teatro local.

5/7 **Página 63**

Elige las palabras correctas para completar el texto:

No tengo mucho/poco tiempo libre porque siempre tengo muchas/muchos deberes, sin embargo, cuando puedo, me gusta salir con mis amigos. La verdad es que voy al teatro más/poco porque las entradas son muchos/bastante costosas y es más/poco barato ver una película en el cine. Alguna gente piensa que ir al cine es demasiado/mucho caro y es más/demasiado barato quedarse en casa y ver una película en DVD.

6 El mundo laboral

6/1   Página 66

Vuelve a leer los textos de los participantes del primer foro *OPPOE* y decide si las siguientes afirmaciones son falsas (F) o verdaderas (V).

	F	V
1 Asier trabajaba mientras estudiaba para poder pagarse la carrera.		
2 Asier no tiene trabajo en estos momentos.		
3 Elena quería continuar estudiando después del instituto.		
4 David vive lejos de la universidad.		
5 A Gema le preocupa separarse de su familia así que no quiere trabajar en el extranjero.		

6/2   Página 69

Completa las frases con la forma correcta del pretérito pluscuamperfecto de los verbos en paréntesis.

1   Cuando le llamaron para la entrevista ya _____ trabajo. (encontrar)

2   Cuando por fin encontré trabajo ya _____ la esperanza. (perder)

3   Cuando terminamos el bachillerato ya _____ nuestros currículums. (escribir)

4   No nos dieron el trabajo porque no _____ prácticas laborales. (hacer)

5   Supe que mi madre no _____ el trabajo porque llegó muy triste a casa. (conseguir)

6   Abandoné la carrera el segundo año porque _____ la mayoría de mis asignaturas. (suspender)

7   Llamamos a la agencia de reclutamiento porque _____ el anuncio en el periódico. (ver)

8   Cuando la situación económica empeoró, mi hermano ya _____ a trabajar al extranjero. (irse)

6/3 **Página 70**

Escribe dos anuncios de trabajo para el tablón de anuncios de tu periódico local. Debes incluir:

1 Un trabajo que puedas combinar con tus estudios actuales.

2 Tu trabajo ideal para después de tus estudios.

Trabajo ofertado
_____

Requisitos de personalidad, experiencia y/o estudios
_____
_____
_____
_____

Tipo de contrato   **Horario**   **Salario**
_____   _____   _____

Trabajo ofertado
_____

Requisitos de personalidad, experiencia y/o estudios
_____
_____
_____
_____

Tipo de contrato   **Horario**   **Salario**
_____   _____   _____

6/4 **Página 72**

Utiliza esta plantilla para escribir tu currículum. Consulta el currículum de Elisenda en el libro del alumno para repasar el contenido y formato de las diferentes secciones.

Nombre	
Dirección postal	
Teléfono	
Correo electrónico	
EXPERIENCIA PROFESIONAL	
FORMACIÓN ACADÉMICA	

FORMACIÓN COMPLEMENTARIA	
Conocimientos informática	
Cursos y certificados	
OTROS DATOS DE INTERÉS	
Varios	
Idiomas	
Ocio	

Rellena la tabla con la forma correcta del verbo *trabajar*.

	Presente	Pretérito indefinido	Pretérito imperfecto	Pretérito pluscuamperfecto	Futuro simple
Yo	trabajo				
Tú		trabajaste			
Él/ella/Ud.			trabajaba		
Nosotros/as				habíamos trabajado	
Vosotros/as					trabajaréis
Ellos/ellas					

Elisenda ha sido invitada a una entrevista laboral para el trabajo que solicitó. Lee su carta de solicitud de empleo en el libro del alumno y utiliza la información en la carta para contestar a las preguntas del señor Esquival. Inventa las respuestas que no se mencionan en la carta.

1 ¿Cuáles son tus fortalezas profesionales?

_____

_____

_____

_____

2 ¿Cuál crees que es tu punto débil?

_____

_____

_____

_____

3 ¿Por qué quieres dejar tu trabajo en la tienda?

_____

_____

_____

4 ¿Qué experiencia puedes aportar?

_____

_____

_____

5 ¿De dónde viene tu interés por el mundo de la comunicación y las relaciones públicas?

_____

_____

_____

6/7   Página 75

Haz una lista de los 10 elementos que piensas que definen el trabajo ideal.

_____   _____

_____   _____

_____   _____

_____   _____

7 Los deportes y la salud

Elige dos deportes diferentes a los que aparecen en la actividad 1 del libro de alumno y descríbelos sin decir el nombre del deporte. En la descripción di si es un deporte de equipo, el número de jugadores, lo que necesitas y dónde se juega.

1 _____

_____

_____

2 _____

_____

_____

El Plan Saludable te ofrece consejos para elegir una vida sana. Lee los consejos. Completa cada frase con el subjuntivo del verbo.

1 Te aconseja que _____ a la cama más temprano. (ir)

2 Te recomienda que _____ más ejercicio cada semana. (hacer)

3 Te sugiere que _____ por lo menos 8 vasos de agua al día. (beber)

4 Te prohíbe que _____. (fumar)

5 Te recomienda que _____ a dar un paseo cuando puedas. (salir)

6 Te sugiere que _____ 8 horas cada noche. (dormir)

7 Te prohíbe que _____ tanta comida grasa. (comer)

8 Te pide que no _____ tanta cafeína cada día. (consumir)

7/3　　　　　　　　　　　　　　　　　　　　　　　　　　　　　　　　　Página 82

Acabas de empezar el curso nuevo en tu instituto. Imagina que tú eres el profesor o profesora. Mira cada imagen y escribe un consejo apropiado para los estudiantes.

Ejemplo:

 Te recomiendo que llegues a clase a tiempo.

3 _____

1 _____

4 _____

2 _____

5 _____

7/4　　　　　　　　　　　　　　　　　　　　　　　　　　　　　　　　　Página 83

La Comida Sana

Categoriza los alimentos de abajo en *muy sanos, menos sanos* y *no saludables.* Explica las razones de esta decisión.

Ejemplo: Las hamburguesas son poco saludables porque contienen mucha grasa.

las verduras	la mantequilla	las galletas
la carne	las salchichas	el pastel
el pescado	el arroz	la mermelada
la pizza	el té	~~las hamburguesas~~
el agua con gas	la leche	el vino
el zumo de naranja	el queso	la cerveza

muy sanos	menos sanos	no saludables
		las hamburguesas

Vas a dar 8 consejos a unos jóvenes de tu instituto que tienen problemas de salud.

Causa	Efecto
Fumar	problemas cardiacos y respiratorios
Comer mucha comida rápida	engordar
Hacer ejercicio	mantenerse en forma, perder peso
Dormir 5 horas cada noche	tener sueño
No hacer ejercicio	sentir estresado/a
No beber suficiente agua	estar deshidratado/a
Beber alcohol a menudo	tener alta presión arterial

Ejemplo: Fumas, por eso tienes problemas cardiacos y respiratorios. Te aconsejo que dejes de fumar.

1 _____

2 _____

3 _____

4 _____

5 _____

6 _____

8 La tierra en peligro

Identifica las causas y efectos relacionados. Escribe las frases conectando la causa y el efecto.
¡Atención! No debes repetir ningún conector.

Causas	Efectos
Desechos de plástico frecuentemente acaban en nuestros océanos.	La desforestación de nuestros bosques es cada vez más preocupante.
Estamos talando nuestros árboles sin pensar en las generaciones futuras.	La polución acústica es mayor que antes.
Hay una nueva la generación de gente creativa consciente de la salud de nuestro entorno.	Los vertederos continúan emitiendo gases de efecto invernadero.
Nuestras ciudades son muy ruidosas.	Muchos animales marinos mueren intoxicados, heridos o atrapados en ellos.
Nuestros vertederos están llenos.	Supra-reciclar se ha puesto de moda.

Ejemplo: La polución acústica es mayor que antes puesto que nuestras ciudades son muy ruidosas.

_____

_____

_____

_____

_____

_____

Escribe una lista de las ventajas y desventajas de las bolsas de plástico.

Las bolsas de plástico	
Ventajas	Desventajas
_____	_____
_____	_____
_____	_____
_____	_____

8/3 **Página 95**

Piensa en tu entorno habitual durante un día corriente. ¿Cuántas bolsas de plástico utilizas/ves? ¿Cuál sería la alternativa?

Ejemplo: Para llevar el almuerzo al instituto – utilizar envases reutilizables y una bolsa de tela reutilizable.

_____

_____

_____

_____

_____

_____

_____

_____

_____

_____

8/4 **Página 96**

¿Sabes lo que son los acrósticos? Crea un acróstico para Comercio Justo.

C _____

O _____

M _____

E _____

R _____

C _____

I _____

O _____

J _____

U _____

S _____

T _____

O _____

Página 97

Completa el crucigrama con la forma correcta del condicional de cada verbo.
¡Atención a los verbos con raíz irregular en el condicional!

Horizontal

2 tocar (ellos)

3 poder (yo)

5 querer (nosotros)

8 utilizar (tú)

10 desperdiciar (el)

11 tener (nosotros)

12 ser (ellos)

Vertical

1 poner (vosotros)

4 reciclar (tú)

6 comer (yo)

7 ayudar (yo)

9 ir (nosotros)

Lee de nuevo la *Guía para reducir tu consumo eléctrico* en el libro del alumno.
Completa el cuestionario con preguntas apropiadas.

¿Desperdicias electricidad en tu hogar?

1 ¿Desenchufas el cargador del móvil cuando tu móvil no se está cargando?

A A veces
B Casi siempre
C Siempre

4 ¿_____

_____?

A Plancho ropa cada vez que necesito una prenda que requiere plancha.
B Plancho una vez a la semana y plancho todo en una sola sesión.
C No plancho casi nunca porque compro ropa que no necesita plancha.

2 ¿_____

_____?

A El radiador más cercano está a menos de un metro.
B El radiador más cercano está al otro lado de la cocina.
C No hay calefacción en la cocina.

5 ¿_____

_____?

A Siempre me olvido de apagar las luces al salir de una habitación.
B Generalmente apago las luces cuando salgo de una habitación.
C Siempre apago las luces cuando salgo de una habitación.

3 ¿_____

_____?

A Siempre pongo algo de detergente extra para que la ropa salga más limpia.
B No lo sé porque no miro las instrucciones y pongo el detergente que me parece.
C Leo las instrucciones y pongo la cantidad recomendada por el fabricante.

Responde a las preguntas del cuestionario para ti mismo. ¿Desperdicias electricidad en tu hogar? Escribe una evaluación de la eficacia de tu consumo eléctrico. Incluye un plan de acción para reducir el gasto de electricidad innecesario.

En mi opinión (no) desperdicio…

Pienso que podría/debería…

_____

_____

_____

_____

_____

_____

_____

_____

9 Relaciones sociales y familiares

9/1 | **Página 107**

¿Qué piensas tú? Lee los siguientes titulares y escribe un mensaje para el foro *Jóvenes hoy* dando tu opinión sobre el Día Internacional de la Familia.

Ejemplo: El día 15 de mayo se celebra en todo el mundo el Día Internacional de la Familia. → A mí me parece una idea estupenda porque así nos reunimos para celebrarlo.

1 Los jóvenes de hoy prefieren hacer amigos en la red.

2 ¿Por qué los jóvenes recurren a sus amigos antes que a los padres cuando tienen un problema?

3 Los padres y los educadores han de ser modelos para los jóvenes.

4 ¿Los móviles y las redes sociales hacen más sociables a los jóvenes?

5 La familia: ¿un tesoro en peligro?

9/2 | **Página 109**

Completa con el pronombre que falta en cada frase.

Ejemplo: La familia de mi amigo nos ha prestado su casa para que pasemos unos días de descanso.

1 Sí, claro que _____ voy a echar de menos, tú siempre has estado cerca de mí.

2 Esta es una película bastante reciente. ¿Tú _____ has visto ya?

3 Su hermana _____ suele prestar el coche para que salgamos por la noche.

4 Los amigos de mis abuelos vinieron ayer para dar _____ una invitación. Mis abuelos _____ pusieron muy contentos.

5 Han ganado un premio bastante importante y quieren que _____ celebremos con ellos.

6 _____ lo hemos dicho mil veces: que no lleguen a casa tan tarde.

7 ¿_____ pasasteis bien el fin de semana pasado?

9/3 Página 110

Juan está enfermo y le envía un mensaje a su hermana. Completa con el posesivo correspondiente.

Lucía, muchas gracias por tu ayuda. Primero, quiero que me traigas [1] _____ libros de geografía, los he dejado

en [2] _____ taquilla del instituto. En mi taquilla están también los libros de Mar, los [3] _____ están

más nuevos que los [4] _____. También necesito que vayas a casa de Luis y Mario, los hermanos gemelos. Ellos te

prestarán [5] _____ cuadernos de música. Y, si dudas de algo, llama a [6] _____ padre, ya sabes que él te

puede ayudar con todo esto.

9/4 Página 111

Completa el resumen de la película de Fernando Palacios de 1965, *La familia y uno más*, con las palabras del recuadro.

mujer • hija • abuelo • esposa • abuelo • hijo • mujer • hijos

La familia del aparejador Carlos Alonso ha crecido hasta los dieciséis hijos. Muchas cosas han cambiado y ahora se enfrenta a

situaciones nuevas. El _____ [1] _____ ya ha muerto y su _____ [2] _____ murió

al nacer la última hija. La _____ [3] _____ mayor está ya casada y el _____ [4 _____

mayor terminó sus estudios y es arquitecto. El padrino lleva una vida por su cuenta con su _____ [5] _____

y Carlos Alonso debe hacerse cargo del resto de la familia con la ayuda de sus _____ [6] _____ mayores.

Carlos Alonso también es _____ [7] _____ ya y se da cuenta de que ya no tiene tanta energía.

9/5 Página 111

Escribe al blog *RELACIONES* y cuenta cómo son las relaciones con tu familia:
¿Cómo te llevas con tus padres? ¿Con quién te llevas mejor? ¿A quién acudes cuando tienes algún problema con los amigos?
¿Quiénes te dan consejos? ¿Hay alguien o algo que no soportes? ¿Quién es tu gran confidente? ¿Tienes algún buen amigo o
buena amiga?

Completa cada frase de manera que tu respuesta sea coherente y tenga sentido.

Ejemplo: Nos casamos el 12 de octubre. Queremos que vengáis a nuestra boda.

1 Luis necesita más tiempo para acabar su proyecto. Luis pide que _____

2 Es el cumpleaños de las amigas de mi hermana menor. Las niñas desean que _____

3 Mañana es el reparto de premios de fin de curso en el instituto. Ojalá que _____

4 El amigo argentino de Miguel va a pasar las vacaciones con él este año, así que Miguel no irá con su familia.

   Miguel prefiere que _____

5 Mañana tenéis que madrugar. ¿Queréis que _____?

¿Sigue estando de moda casarse?

Lorenzo, España

En España, el matrimonio sigue siendo la forma más frecuente de unión. Podríamos decir que "sigue estando de moda casarse". En cuanto a la forma de celebración, el rito católico supera el 75% de las uniones, mientras que las bodas civiles son casi un 25%. Sin embargo, está claro que el número de parejas casadas está disminuyendo y el número de parejas que viven juntos, o parejas de hecho, va en aumento.

El matrimonio civil puede celebrarse en una Oficina del Registro Civil, Juzgado o Alcaldía. Si se prefiere, se puede celebrar en un lugar especial como una playa o un hotel. En estos casos, un notario o un juez (un funcionario autorizado para celebrar matrimonios) debe estar presente.

Después de la ceremonia civil, muchas parejas van a la iglesia para una ceremonia religiosa, pero esto no es obligatorio. Durante la ceremonia, la pareja intercambia anillos (alianzas) y se convierten en esposos para toda la vida. Tradiciones como el vestido blanco de las novias, las alianzas y las comidas familiares siguen siendo muy populares.

Personalmente, creo que el matrimonio es un contrato entre dos personas que deciden convivir y formar una familia. Como toda relación, puede terminar en cualquier momento. Si me caso, espero que mi relación dure toda la vida, pero no puedo hacer nada si nos dejamos de querer.

Laura, México

Bueno, las actitudes de los jóvenes mexicanos hacia el matrimonio y la unión libre son diferentes a las de nuestros papás. Están cambiando. Antes se pensaba que el matrimonio era una garantía para la estabilidad, ahora no. Además, pienso que los jóvenes estamos convencidos de que la convivencia prematrimonial es más importante para la estabilidad de la pareja.

Y los que se casan, lo hacen más tarde, entre los 27 y 29 años de edad. Los jóvenes queremos viajar y disfrutar de todo antes de empezar una familia y tener muchas responsabilidades. Mi mamá tenía 18 años cuando se casó con mi papá.

Para mí, el matrimonio no está pasado de moda, a la gente le gusta celebrar la boda con la familia y amigos, pero el matrimonio no es para mí, de momento. Me gusta respetar las tradiciones y algún día me gustaría casarme, pero no ahora.

1 Lee y escribe

Completa las siguientes oraciones usando las palabras de Lorenzo.

Ejemplo: Según Lorenzo, el matrimonio ... forma más normal de unión.

1 En España, para casarse por lo civil, hay que ir a ...

2 Para Lorenzo, el matrimonio es un contrato ...

3 Un ejemplo de ropa tradicional en una boda ...

4 Se podría decir que el matrimonio no está de moda, ya que ...

2 Lee y escribe

¿Son las siguientes afirmaciones verdaderas o falsas según Laura? Justifica tu respuesta utilizando palabras tomadas del texto.

Ejemplo: Los jóvenes mexicanos creen que el matrimonio es una garantía de estabilidad marital. = Falso (Antes se pensaba que el matrimonio era una garantía para la estabilidad, ahora no.)

1 Se casan con casi treinta años.

2 La convivencia antes del matrimonio no es esencial para la estabilidad del matrimonio.

3 A la madre de Laura la forzaron casarse muy joven.

4 Laura dice que hay que respetar y seguir las tradiciones por eso se casará.

3 Lee y escribe

Lee las frases siguientes y decide si estás de acuerdo, o no. Piensa en razones para justificar tu respuesta.

1 El matrimonio siempre estará de moda.

2 Las ceremonias de boda son demasiado caras y demasiado complejas.

3 Es mejor casarse joven.

4 ¿Te casarías?

4 Escribe

Escribe un mensaje a un foro internacional sobre el matrimonio y la familia en diferentes países del mundo. Presenta la información que encuentres sobre la evolución de la familia en tu país / cultura durante los últimos veinte años. Aporta datos concretos y cifras.

1 ¿Hay más o menos personas que se casan hoy en día?

2 ¿Son las uniones libres, las familias monoparentales y el divorcio más o menos frecuentes?

3 ¿Se convive antes del matrimonio?

4 ¿Cuándo y cómo se casa la gente hoy en día? ¿Y en el pasado?

Ejemplo: Hoy las personas se casan entre los treinta y cuarenta años, a menudo después de un periodo de convivencia. Sin embargo, hace treinta años, las parejas se casaban más jóvenes y pocos vivían juntos antes del matrimonio,... etc.

10 Nuestro mundo, nuestra responsabilidad

 Página 119

Completa las siguientes frases con la forma apropiada del pretérito perfecto.

1 Recientemente yo _____ (comprar) unos billetes de avión a Buenos Aires.

2 Hoy nosotros _____ (viajar) con el AVE a Madrid.

3 Ellos _____ (ir) al museo en Bilbao.

4 Él _____ (volver) a Madrid.

5 Vosotros _____ (visitar) las cataratas.

6 Ella _____ (escribir) un correo electrónico a su amiga en Argentina.

7 ¿Tú _____ (montar) en bicicleta en Barcelona?

8 Ella _____ (terminar) su viaje en Bilbao.

 Página 119

Completa el crucigrama con el participio de cada verbo:

Horizontal

2 decir

4 escribir

5 volver

7 morir

9 abrir

10 hacer

Vertical

1 ver

3 descubrir

6 romper

8 poner

Completa el resumen de las noticias sobre un tornado en México con el pretérito indefinido.

El pasado 25 de mayo _____ (haber) un tornado en Ciudad Acuña que _____ (causar) la muerte de

al menos trece personas. Coches y viviendas _____ (ser) destruidos y también _____ (resultar) heridas

229 personas. El fenómeno meteorológico solo _____ (necesitar) seis segundos para causar grandes daños en

muchos edificios.

11 Cuestiones globales

11/1   Página 130

Lee la lista de derechos humanos y enumera los derechos según su importancia de acuerdo con tu opinión donde 1 = más fundamental y 10 = menos importante.

☐ Derecho a la libertad de expresión

☐ Derecho a la educación primaria y secundaria gratuita

☐ Derecho al sustento suficiente para evitar malnutrición

☐ Derecho a disfrutar de la propia infancia

☐ Derecho a tener un hogar seguro

☐ Derecho a un trabajo bien remunerado

☐ Derecho a elegir la pareja con quien vivir y tener hijos

☐ Derecho a ser tratado con dignidad

☐ Derecho a descansar

☐ Derecho a elegir un trabajo o carrera

11/2   Página 130

Justifica en no más de 50 a 100 palabras los tres derechos (1 a 3) que consideraste más fundamentales en el ejercicio anterior.

_____

_____

_____

_____

11/3 Página 131

Escribe diez derechos para adolescentes y jóvenes de 13 a 19 años.

10 derechos de los adolescentes

1 _____

2 _____

3 _____

4 _____

5 _____

6 _____

7 _____

8 _____

9 _____

10 _____

11/4 Página 133

Utiliza la forma correcta del imperativo del verbo en paréntesis para completar cada frase.

1 No _____ a los gobiernos de gastar demasiado en ayudas a países en vías de desarrollo, no son acusaciones justificadas. (acusar)

2 No _____ de la situación en tu país si tienes educación gratuita primaria y secundaria, y tus necesidades sanitarias básicas están cubiertas. (quejarse)

3 _____ lo que te puedas permitir a ONGs responsables. (donar)

4 _____ el coste de conflictos bélicos antes de quejarte del coste de las ayudas al exterior. (considerar)

5 _____ en todas las enfermedades controladas o desaparecidas como resultado de las donaciones altruistas. (pensar)

6 No _____ que nadie quiere vivir de la caridad y la mayoría de países en vías de desarrollo desean ser autosuficientes. (olvidar)

11/5 Página 135

Reordena las frases para que las estadísticas que ilustran tengan sentido.

1 población El mundial 14% leer sabe no la de.

_____

2 viven con dos habitantes El de al menos Tierra de día 48% de dólares la los.

_____

3 del El total la planeta el 1% de 43% poseen riqueza de los habitantes.

_____

4 malnutrición de humanos 16% El de los sufren.

_____

Lee estas ideas del artículo sobre la situación de los niños en Nicaragua en el libro del alumno.
Empareja las ideas contrarias utilizando un conector de contraste diferente en cada caso.

Casi la mitad de la población vive en situaciones económicas terribles.

El castigo corporal está prohibido.

El índice de abandono escolar es muy elevado.

El porcentaje de niños que se ven obligados a trabajar no es muy alto.

La falta de infraestructura y personal adecuados resulta en un índice de mortalidad elevado.

La salud infantil ha mejorado y las estadísticas son esperanzadoras.

Las correcciones disciplinarias si están permitidas.

Los niños son utilizados para las peores formas de trabajo infantil.

Más de la mitad de la población vive por encima del umbral de la pobreza.

Se han eliminado las cuotas de matrícula.

_____

_____

_____

_____

_____

Un reportero entrevista a Rasheed. Utiliza su relato en el libro del alumno para contestar a las preguntas según la información del relato.

1 ¿Cuántos años tenías cuando la situación política de tu país cambió?

_____

2 ¿Cuál era tu situación familiar en ese momento?

_____

3 ¿Cuándo te diste cuenta de que en tu país no estabas seguro?

_____

4   La decisión final de partir... ¿fue premeditada?

_____

_____

5   ¿Cómo pudiste pagar los pasajes en el barco de los contrabandistas?

_____

6   Tu suegra quedó en Siria... ¿Por qué no vino con vosotros?

_____

7   ¿Por qué no insististeis en lugar de respetar su decisión?

_____

_____

8   ¿Cómo fue el viaje hasta el mar?

_____

9   Tengo entendido que su hija pequeña murió en el trayecto. ¿Qué pasó?

_____

_____

10 ¿Por qué no intentó evitarlo?

_____

_____

11 ¿Cómo ha afectado al resto de la familia la muerte de su hija pequeña?

_____

_____

Utilza adverbios de lugar para completar las frases a continuación de manera que tengan sentido.

1 Tres soldados se estacionaron _____ de la casa de los cuñados de Rasheed.

2 Rasheed encontró a su suegra escondida _____ de la cama.

3 Cuando la bomba destrozó parte del edificio, Rasheed puso ropa y su móvil _____ de una mochila y partieron apresurados.

4 El mar no estaba _____ de la casa de Rasheed, así que caminaron más de dos semanas.

5 _____ del barco había más gente de la que era razonable.

Lee de nuevo la contribución de Héctor al foro de jóvenes Mano Amiga. Identifica la razón por la que utiliza el subjuntivo en cada uno de estos casos.

1 que yo sea pesimista _____

2 que se logre… _____

3 que haya tantos seres humanos… _____

4 me equivoque _____

¿Subjuntivo o indicativo? Conjuga el verbo en paréntesis en la forma correcta.

1 Espero que los matrimonios infantiles _____ en todo el mundo. (prohibirse)

2 Me complace que la situación en Nicaragua _____ mejorando. (estar)

3 Pienso que el centro _____ participar en el programa de Modelos de Naciones Unidas. (deber)

4 No creo que _____ juzgar a los niños soldado pues su situación no es su culpa. (nosotros, deber)

5 Recomiendo que _____ varios programas de voluntariado antes de elegir. (tú, investigar)

6 Es importante que se _____ a tolerar a otras religiones y culturas. (aprender)

7 Conseguir la paz en este siglo quizás no _____ imposible. (ser)

12 Las nuevas tecnologías

Página 145

12/1

Relaciona las siguientes palabras y expresiones con sus definiciones.

1 La privacidad **B**

2 La seguridad

3 El ciberacoso

4 El aislamiento

5 La accesibilidad

6 La tecnología vestible

7 La adicción

A el acoso sexual realizado usando Internet.

B *se refiere a la confidencialidad de información personal.*

C es la capacidad de acceso.

D prendas y complementos que tienen incorporados objetos tecnológicos que se pueden llevar puestos.

E se presenta cuando una persona se aleja de su entorno de manera voluntaria o involuntaria.

F la protección del intercambio de información y sus emisores.

G el uso frecuente de Internet.

H el uso incontrolable, independiente de la voluntad, de Internet.

I intimidación o maltrato para minar la autoestima que se produce mediante el uso de nuevas tecnologías.

12/2

Página 147

a. Utiliza las siguientes estructuras de opinión para exponer tus opiniones acerca de los problemas de Internet que se presentan a continuación.

Ejemplo: No me gusta que se use demasiada tecnología vestible.

No me gusta que…	+ SUBJUNTIVO
No me opongo a que…	+ SUBJUNTIVO
No creo necesario que…	+ SUBJUNTIVO
Me parece bien que…	+ SUBJUNTIVO
Es necesario que…	+ SUBJUNTIVO
Es injusto que…	+ SUBJUNTIVO

La tecnología vestible: _____

La tecnología en la educación: _____

Las aulas virtuales: _____

Los peligros de Internet: _____

El acoso cibernético y los jóvenes: _____

b. Completa con la forma de indicativo o subjuntivo que corresponda a cada verbo:

*Ejemplo: Todos esperamos que las organizaciones y todos los usuarios (hacer) **hagan** un uso ético de la tecnología.*

1 Los nativos digitales buscan que la tecnología les (permitir) _____ acceder más rápidamente a los otros usuarios.

2 Estamos de acuerdo con que la nueva generación (ser) _____ capaz de gestionar más eficazmente grandes cantidades de información.

3 Sin duda, los jóvenes (estar) _____ más abiertos a la diversidad.

4 Queremos que la innovación (formar) _____ parte de nuestras vidas.

12/3 Página 147

Lee las siguientes opiniones y escribe dos argumentos a favor y dos en contra para cada una de ellas.

1 La información obtenida a través de internet no es fiable.

A favor: 1 _____

2 _____

En contra: 1 _____

2 _____

3 La gente se aísla más con las nuevas tecnologías.

A favor: 1 _____

2 _____

En contra: 1 _____

2 _____

2 Las redes sociales e Internet hacen que la gente sea más eficiente y competente en el trabajo y los estudios.

A favor: 1 _____

2 _____

En contra: 1 _____

2 _____

4 Internet y las nuevas tecnologías hacen que la gente pierda su tiempo.

A favor: 1 _____

2 _____

En contra: 1 _____

2 _____

12/4 Página 148

Subraya la opción que te parezca correcta, como en el ejemplo. Nota: en algunos casos las dos opciones son correctas.

Ejemplo: Las universidades necesitan monitorizar el uso de Internet para conseguir / que consigamos más confianza en su uso.

1 Las universidades han creado aulas virtuales a fin de tener/ que tengamos más accesibilidad.

2 Los jóvenes necesitan informarse para conocer / que conozcamos las distintas formas de acoso en línea.

3 Tenemos que ser precavidos a fin de navegar / que naveguemos de forma inteligente por Internet.

4 Nos recomiendan usar un apodo para mantener / que mantengamos el anonimato.

5 Los padres establecen filtros con el objeto de bloquear / que bloqueemos información inapropiada.

12/5 Página 148

A partir de estos pares de frases, forma una oración causal.

Ejemplo: Mucha tecnología vestible es cara. No es accesible para muchos jóvenes.

Como mucha tecnología vestible es cara, no es accesible para muchos jóvenes.

1 No sale mucho. Prefiere chatear y hacer amigos en línea.

2 Hemos decidido hacer un curso de inglés en línea. Los cursos en línea son más flexibles en horario.

3 La tecnología avanza muy rápido. No conseguimos aprender bien el uso de algunas aplicaciones.

4 Las TIC transformarán la educación y la forma en la que aprendemos. Los libros se quedarán obsoletos.

12/6 Página 153

Lee este extracto de *La nueva brecha digital no está entre padres e hijos* y completa con las palabras del recuadro.

crean • descargan • forman • manejan • tienen • separa • suben • son

Hasta ahora la brecha digital se producía especialmente entre padres e hijos, entre adolescentes y adultos, entre lo que

denominamos "nativos digitales" y los "inmigrantes digitales". Pero ahora son muchos los adultos, padres y madres,

que [1] _____ las TIC. La mayoría [2] _____ usuarios del correo electrónico, [3] _____ grupos

de chat con sus amigos, [4] _____ aplicaciones en sus teléfonos inteligentes y tabletas, y [5] _____ fotos,

etc. Son muy pocos los que [6] _____ grupos de discusión en foros o en redes sociales, etc. La brecha digital

"clásica", la que aun [7] _____ a muchos adolescentes de sus mayores sigue existiendo.

12/7 Página 154

Basándote en tus respuestas al test. ¿Eres adicto a Internet? En el Repaso del libro de estudiante, escribe un blog presentando tu perfil de usuario de Internet. (Escribe al menos 50 palabras.)

Acknowledgements

The authors and publishers acknowledge the following sources of copyright material and are grateful for the permissions granted.

Cover images: (earth) OlinChuk/Shutterstock; (basketball) Monkey Business Images/ Shutterstock; (penguin) Marisa Estivill/Shutterstock; (boy) Phase4 Photography/ Shutterstock; (graffiti) Emma Bonshor; (hat) Alfredo Maiquez/Getty Images; (Gaudi) Sylvain Sonnet/Getty Images; (girl) Monkey Business Images/Shutterstock; (recycling) m-imagephotography/Getty Images.

p.3tr DenizA/Getty Images; p.3br Spaces Images/Getty Images; p.3l duncan1890/Getty Images; p.21 (clock) Almaje/ Getty Images, (1) dolgachov/Getty Images, (2) Halfpoint/ Getty Images, (3) Georgios Kollidas/Getty Images, (4) ShowVectorStudio/Getty Images, (5) Benoit Chartron/Getty Images; p.26 Moto-rama/Getty Images; p.30l Tempura/Getty Images; p.30r LWA/Larry Williams/Getty Images